UN ANGE EST PASSÉ

www.facebook.com/poemesvictor

© 2021, victor zabatt
Édition : BoD – Books on Demand,
12/14 rond-point des Champs-Élysées, 75008 Paris
Impression : BoD - Books on Demand, Norderstedt, Allemagne
ISBN: 9782322395828
Dépôt légal : Septembre 2021

Alicia

Haute comme 2 pommes

Les lois de l'équilibre

Je recherche l'aplomb

Pour me sentir libre,

Une dame peu farouche

N'est jamais très loin

Des sons avec sa bouche

Je n'y comprends rien,

Consolée câlinée

Elle me tend ses bras

Je croule sous ses baisers

Et ses regards sans fin,

J'ai le pressentiment

Qu'on fera un bout de chemin

Sinueux et heureux

Je l'appellerai Maman,

Des rondeurs une peau douce

Un charme qui éclabousse

Je babille je bavarde

Je m'exhibe elle me bade,

Ce sein divin

Que tu m'offres chaque jour

Une source qui rassure

Un échange d'amour,

Je pleure et je grimace

Avec beaucoup de grâce

Je ris et je souris

Une offrande qu'on envie,

Je vois ce qui m'entoure

Je grandis chaque jour

Derrière la grande porte

Le monde semble petit,

Le Papa qui s'approche

Avec ses grandes mains

Ça balance ça tournille

Je tourne comme une coquille,

Il s'approche de Maman

Sourit à pleine dent

Un baiser pas volé

Vient de se poser,

Je baigne dans l'amour

Le même bain chaque jour

La tendresse les caresses

Un rite qui m'entoure,

Le matin au réveil

Leur rayon de soleil

J'illumine leur vie

Jusqu'au temps de répit,

Je commence ma vie

Dans un écrin béni

Entourée comme une reine

Comment leur dire Merci.

Errance

Petit moment d'errance

Assis dans mon sofa

Les hommes les opinions

La vie que je n'aime pas,

Les méchants les tordus

Les paumés les ratés

Les voleurs les faux culs

La misère la faim,

La soif les mensonges

Les enfants en festin

Les femmes rétamées

Etalées dans un coin,

Les nazis ces maudits

Les larmes et les cris

Les violeurs les sans cœur

Les violents les truands,

Les cercueils et le les deuils

La souffrance les tortures

La haine la guerre

En décor les bavures,

Les extrêmes les ordures

Plaidoyers d'un un monde pur

La foi la repentance

La haine pour référence,

Les escrocs en costard

Les traites en retard

Les impôts un peu trop

Les salaires les galères,

Les tempêtes les naufrages

L'arrogance et l'ennui

De l'amour en partage

Sur fond de jalousie,

Le tabac qui t'abat

Des affaires pour l'état

Des deniers bienvenus

Voilà un grand débat,

Les blessures les chagrins

Les peines les tourments

Des douleurs sans freins

Emportées dans l'élan,

Les tricheurs les menteurs

Les dragueurs les horreurs

Les indignes les fourbes

Un mélange qui m'écœure,

Les drogués les fainéants

Les jaloux les envieux

La crème des gourmands

Suprême convoitise,

Les méfiants les perdants

Les charmeurs sans chaleur

Les clameurs obligées

Les rires imposés,

Les mensonges d'état

Des termes qui rassurent

Une poignée de blabla

Des rêves en pâture,

Les cons les idiots

L'élégance en un mot

Satyre sans faille

Un cerveau de volaille,

Faux amis faux semblants

Faux jetons vrais ennemis

Faux permis les scandales

Les vénaux, les vendus,

Les vicieux vertueux

Les voyeurs dégoutants

Les verrues les boulets

Les varices un supplice,

Les médias qui s'emballent

Les torchons qui régalent

Toutes ces vies étalées

Prêtes pour le bûcher,

La vie serait belle

Sans toutes ces merveilles

Une vie un peu fade

Je garde une pointe de sel.

Fleur

Je suis une fleur

Rouge comme un cœur

Le vent mon ami

Une valse sans bruits,

Une abeille s'est posée

Le plein s'il vous plait

Un papillon s'étale

Sur mes larges pétales,

Une coccinelle

A maquillé ses ailes

Derrière ses taches noires

Se cache de l'espoir,

Le soleil est radieux

Je pompe sa lumière

Les nuages s'étirent

Une ombre passagère,

Je me sens perdu

Au milieu de ce pré

Une illustre inconnu

Une tache de gaîté,

Les humains me regardent

Ils contemplent ma robe

Mais que dieu me garde

De ce vase qui déborde,

Une vache tachée

Aux mamelles garnies

Me voilà en sursis

Une fin de vie hachée,

Ce mélange de couleurs

Qui m'habille chaque jour

Je l'offre à ma planète

Une offrande d'amour.

La pluie

La pluie grignote le trottoir

Elle se répand comme une flèche

Elle sillonne le caniveau

Petit ruisseau deviendra gros,

La fraîcheur s'éparpille

Elle courtise les passants

Une enveloppe inespérée

Sur un fond de terre brûlée,

Le bitume se libère

Son odeur dans les narines

Les flaques s'étalent comme la mer

Elles éclaboussent les petits frères,

Le ciel bourgeonne de formes grises

Un monochrome sans ratures

Il s'étale et se déguise

Il déballe sa marchandise,

Elle ruisselle se faufile

Dans les méandres de la ville

Une sans gêne qui dessine

Son chemin et ses abîmes,

Elle se révolte eu un éclair

Ses coups de foudre sont des mystères

Une amoureuse de la terre

C'est son sang qu'elle libère.

La race humaine

Dans la bande son

Y'a du grabuge

Le bruit des balles

Ouvre le bal

De la douceur

À la douleur

De la couleur

À la noirceur

On débine

On déballe

On surine

On détale

L'espèce humaine

Est à la peine

Elle n'avance plus

Elle se traîne.

L'argent

L'argent c'est quoi ?

La liberté sur du papier

Des filigranes ne pas copier,

L'argent pourquoi ?

Décoller ou s'enfoncer

Secourir et mettre en joie,

L'argent des fois

Quand il pue

Tu ne reviens plus

Une odeur de macchabée,

Dans tes rêves

Une vie brève

De l'opulence

La décadence,

Ça brûle les doigts

Ça te fait roi

De l'importance

De l'apparence,

De l'amitié instantanée

Le temps d'un sucre

Dilué,

La pauvreté

Ce n'est pas gagné

Elle avale tout

Sans recracher,

Une gourmande

Qui s'installe

Une dévoreuse

De crève la dalle,

Une lutte sans merci

Les unir pas dociles

Dans ma poche encore percée

Je cherche un billet à froisser.

Le bistrot

Je suis assis dans ce café

Les murs racontent le temps passé

Un jaune pâle badigeonné

Sur le comptoir les verres s'entassent,

Le vieux miroir bien accroché

Renvoie ces visages du passé

Un coup de peigne lèvres cuivrées

Les heures déroulent les jours s'effacent,

La porte s'ouvre la cloche résonne

Une tignasse fige les hommes

La patronne crie au téléphone

Sur le comptoir les verres s'entassent,

Le froid se lit sur les fenêtres

Dehors le vent est à la fête

De la musique brin de musette

Les heures déroulent les jours s'effacent,

Les clients rient les dents jaunies

Les cheveux blancs mélange de gris

On se raconte des brins de vie

Sur le comptoir les verres s'entassent,

Dans la cuisine on s'affaire

De l'entrée jusqu'au dessert

Les secrets de la grand-mère

Les heures déroulent les jours s'effacent,

Ça va ça vient entre les tables

Un ballet inévitable

Mélange de grâce si rien ne casse

Sur le comptoir les verres s'entassent,

Les voix résonnent dans la salle

Le bruit des couverts en saccade

Les plats défilent en cascade

Les heures déroulent les jours s'effacent,

Un nuage de vapeur

Se déplace sur les hauteurs

Un pot-pourri aux milles odeurs

Sur le comptoir les verres s'entassent,

Le café bien arrosé

Une addition pas trop salée

Le patron s'est bien sucré

Les heures déroulent les jours s'effacent.

Le bonheur

Le bonheur

Ça ne sent rien

Tu l'attrapes

Comme un rien

Tu le croises

Tu le toises

Il t'attend

Dans un coin

Il est là

Près de toi

Il te cherche

Il te trouve

Il se lasse

Il s'épuise

Ou donne

Le meilleur

Il s'invente

Une vie

Pour éviter

Les pleurs

Il sirote

Tes nuits

Un mélange

De cœurs

Il te presse

Il t'empresse

Il t'écrase

Des heures

Il s'enfuit

Il revient

Pas le droit

À l'erreur.

Le fantôme

Vêtu de blanc ou transparent

Je sème l'angoisse je me délasse

Les cris d'horreur un vrai bonheur

Jolie chorale la fin du bal,

De la sueur des jolis cœurs

De lamentables séries B

Ces moqueries je m'en nourris

Quand vient la nuit je me régale,

Je me faufile je les épie

De ces humains je suis rassasié

Une bouillie de méchanceté

Mais que devient l'humanité,

On m'a vu à l'Opéra

Sur la route dans les bois

Les vieux châteaux d'Angleterre

Mes refuge ma liberté,

Bien poli et bien nourri

Le Casper est trop gentil

Il fait des rondes et des grâces

Les enfants sont à sa trace,

Quand vient la nuit plus de chatouilles

Ce sont les vases qui dérouillent

Tous ces pieds qui dépassent

Je les picote avec amour,

Je peux être méchant

Arrogant insolent

Détendu bienvenu

Gracieux ou déplacé,

J'ai croisé la dame blanche

Une vie pas très sage

Elle inonde les nuits

De ces mauvais présages,

J'apparais disparais

On m'invoque on me charme

Je suis comme ce train

Une vraie mascarade,

Un errant sans bagages

J'ai aimé jusqu'au naufrage

Me voilà dans l'enfer

De cette vie en cage,

Je vis dans un courant d'air

Rapide comme l'éclair

La solitude et l'abandon

Des souffrances sans pardon,

Une vision une illusion

Prisonnier du temps passé

Ma liberté cette insolente

M'a enfermé dans ces tourmentes.

Le printemps

L'hiver va s'enfuir

Vers d'autres horizons

Partir comme un voleur

Il donnait le frisson,

Le jour grignote la nuit

Un friand du présent

Les oiseaux font la ronde

Des amours empressés,

Des couleurs sur la toile

Qui s'étalent lentement

Les bourgeons foisonnent

Se révèlent au soleil,

Un ciel lumineux

Au milieu des jonquilles

Un présage un message

Le monde se réveille,

Dans mon champ de vision

Une nouvelle page

Au milieu des boutons

La liberté résonne,

Libre d'être sage

Se serrer s'embrasser

Sortir de cette cage

Des mots qui chantonnent,

Des ombres qui frétillent

Des arbres qui renaissent

La pudeur se lit

Sur ces nobles déplumés,

Quelques notes claires

Pour éveiller nos sens

Rendons grâce à la terre

Réveiller ses essences,

Je l'attends je le guette

La nature est en fête

La liesse dans les prés

Se vit de ma fenêtre.

Les gens que j'aime

Les gens que j'aime

Ils sont cochés,

J'aimerais les tatouer,

Ils se promènent

Dans mes pensées

Une affluence convoitée,

Je me gave de ces bises

Ils raffolent de mes bêtises,

Un équilibre absolu

Une bouée quand rien ne va plus,

Il n'y a pas de couleur

Dans ma cour impériale

La teinte de la peau

N'est pas un fardeau,

Des disciples attachants

Des joyaux dans un écrin

Ils se font rares, la pureté,

L'amitié n'a qu'un chemin,

Les gens que j'aime

Ne sont pas les mêmes

Leur différence est une fortune.

L'inconnue

Un matin dans Paris

Dans une rue endormie

J'ai croisé l'inconnue

Une chouette silhouette,

Des essences fleuries

Des galbes arrondis

Une image éphémère

Dans un froid courant d'air,

Je n'ai pas vu ses yeux

Je les devine noirs

Ses longs cheveux lissés

À la couleur de nuit,

Le bruit de ses talons

Résonnent sur le trottoir

Un écho englouti.

Un sirop pour la nuit,

Je me suis retourné

Elle s'est faîte avalée

Par une bouche de métro

Gourmande de ces délices,

Je m'endors le soir

Je dévale les rues

Des rêves brisés

Un tourment un supplice,

J'implore le hasard

Tous les saints réunis

J'attends sur le pavé

Cette grâce rêvassée,

Je n'ai pas de remèdes

Ni l'envie de soigner

Cet étrange malaise

Amour inexploré.

Ma chanson

Ma chanson qui sent la rose

Une fable pour les moroses

Je la glisse dans un tiroir

Entassée comme un grimoire,

Je la renifle quand vient le soir

Un bouquet d'espérance

Les nuances qui se dégagent

Mon essence mon seul bagage,

Les mots s'entassent et se mélangent

Une mélasse pour qu'on avance

Je souris à cette image

Dans tes bras joli présage,

Au milieu de chaque ligne

C'est ton ombre qui se dessine

Une présence que je devine

Aux allures d'une divine,

Sur ces vers de prière

J'ai glissé quelques notes

Une ballade pour te plaire

Les deux genoux à terre,

Sur l'autel des beaux jours

Je déposerai ces balivernes

En échange d'un amour

Plus long que cette rengaine.

Ma cigarette

Je clope, tu clopes

Du goudron pour ton bourdon

La fumée se disperse

Comme la brume qui se lève,

Ta pâleur qui s'affiche

Ressemble à cette tige

Eblouissante blancheur

Un destin calciné,

Des cendres entassées

Au fond du cendrier

Une urne similaire

Décor de cheminée,

Un cœur ou la raison

Du noir sur les poumons

Le rose s'est effacé

Gommé par les années,

Le smog qui m'entoure

Ce nuage qui dérange

Un mélange d'arômes

Pour rester dans la transe,

Mes veines et mes artères

Des ruelles encombrées

Des bouchons à la peine

Sur un air fatigué,

Le souffle qui me fuit

Comme un ballon percé

J'ai besoin de rustines

Je ne vais plus avancer,

Le goût et l'odorat

Souvenirs du passé

Je digère et je bois

Comme dans l'obscurité,

Ma belle cigarette

Dans ce joli paquet

J'entame le divorce

Tu ne me fais plus craquer.

Ma jolie

Tu m'as dit les mots que j'aime

Tu m'as écrit des mots fleuris

Tu m'as fleuri de mots jolis

Ma jolie un mot que j'aime,

Tu as bu tous mes poèmes

Tu as lu toute cette crème

Une soupe de délires

Un coulis qui te ravi,

Tu m'as écrit tu as rougi

Entre tes lignes je te devine

Tu as souri et tu as ri

À mes délires à tes envies,

Quand vient l'heure du café crème

Une dose de plaisir

C'est le temps des théorèmes

Vers l'horizon et l'avenir,

J'ai chipé j'ai pillé

Ton âme tes rêves et puis tes veines

J'ai croqué sans partager

Les douceurs de ma Reine,

On s'est épris on s'est appris

On se retrouve dans l'arène

Enfermés pour une vie

L'éternité nous enchaîne.

Ma poésie

Ma poésie

Je la ternis

Je la reluis

Parfois jolie,

Elle est piquante

Ruisselante

Hors des sentiers

Bien ficelée,

Une rebelle

Une infidèle

Une fronde

À nos ainés,

Elle s'égare

De ce noble art

Devant ces lignes

Elle piétine,

Elle est patiente

Tolérante

L'indulgence

Sa vitamine,

Elle me poursuit

Me tourmente

Brûle mes nuits

Mauvaise mine,

On l'adule

On la moque

Intrépide

Elle s'en moque,

La lumière s'éteindra

L'encre séchera

Plongée pour l'éternité

Ma poésie et moi.

Ma ville

Je me promène dans ma ville
Des cafards en costards
Les jupes les robes noires
Fleurissent les trottoirs,
On se croise on s'évite
On se frôle du regard,
Une marche cadencée
Un pavé qui reluit
Quand la pluie s'est posée
Des nuages qui s'enfuient,
Un soleil qui s'ennuie
Derrière cette couche grise
Un vent qui tourbillonne
Léger comme une brise
Des parfums qui foisonnent,
Je lis sur les visages
Des romans des présages
Soif de liberté
Privations ordonnées,
Des rires de la colère
Au milieu des artères
Des voitures qui klaxonnent

Des vapeurs piquantes

Des odeurs suffocantes,

La ruée dans les stores

Aux immenses décors

Un vertige de couleurs

De l'oseille et du flair,

Des fleurs et des arbres

De l'ombre aux palabres

Des pétales qui plissent

Un ballet de complices,

Derrières les fenêtres

Les tanières des humains

Les saveurs la télé

S'échappent du terrier,

Dans le parc on s'empresse

On s'embrasse on s'enlace,

Un vieil homme est assis

Cheveux ébouriffés

Il écoule son ennui

Une vie délabrée,

Les couples se rapprochent

Dans ce labyrinthe vert

Les deux mains dans les poches

Les cœurs dans la balance,

Les parents les enfants

Une meute réjouie

Des rires et des plaintes

Une tirade de cris,

Dans les bars on s'écharpe

Des verres en cascade

Des railleries des gouailles

Des frondes de comptoir,

Un chat miaule affamé

La souffrance à mes pieds

Innocence maltraitée

Une errance que je hais,

J'avance je déambule

Je marche dans ma bulle

Un mélange d'artifices

Une vie sans épices.

Mon ballon

Une sphère sans repère

Je gravite sur la terre

On me botte on m'écrase

Mon orbite me déphase,

Une rondeur qui attire

Qui rassemble ou divise

Dans l'arène on se bat

Un duel de rois,

L'argent est à tes pieds

Si tu sais le rouler

Un rêve de gamin

Qui s'écroule en chemin,

Que tu sois grand petit

Il fascine ta vie

La sueur sur le front

Que jamais tu n'oublies,

Tous ces coups qui résonnent

Dans mon ventre dodu

Une offrande à ces hommes

Rassurés je pardonne,

De cuir ou de plastique

Opulence sans rides

Ton souffle s'évapore

Sur un fer tourmenté,

Tu es à bout de souffle

Un dernier sifflement

Un soupir viscéral

Qu'on me rende ma balle.

Mon cœur

Mon cœur est une horloge

Du rythme et des veines

Un muscle qui résonne

Quand l'amour se démène,

Il balance ou il flanche

Il s'essouffle il s'emballe

Il tire sa révérence

L'agonie d'une flamme,

On l'arrache le désire

Il se fend ou se brise

Il est gros ou léger

Généreux bienveillant,

Un organe une centrale

Le secret de notre âme

Un intime attendri

Charitable donateur,

On le coupe il est dur

Fait de pierre ou de marbre

On le serre il s'accroche

Il en a dans le ventre,

Demi-sphères assemblées

Suivez les pointillés

C'est un mot que l'on aime

Tendre complicité.

Mon doudou

Un morceau de toile

Une douce chair

C'est le désert

Quand je te perds,

Un confident

Jamais ne mens

Mes secrets

Sont bien gardés,

Mon seul repère

Plus de lumière

Les nuits sont douces

À tes côtés,

Je te serre fort

Me consoler

Je suis fâché

Les bras croisés,

Je suis en larmes

Faut pas pleurer

Essuies mes larmes

Réconcilié,

Tu me suis partout

Eternité

Un bel amour

Un forcené,

Dans un tiroir

Tu es rangé

J'attends le soir

Te délivrer,

Quand je serai grand

Je raconterai

Je dirai tout

Sauf nos secrets.

Mon ombre

Tu vis dans ma lumière

Un sursis chaque nuit

Pas un mot de travers

Le croquis de ma vie,

Un imposteur fidèle

Tes gestes sont les miens

Une vigueur sans couleur

Le noir te va si bien,

Ecrasée piétinée

Tiraillée effilée

Le soleil ton tailleur

Des costards accomplis,

Je ne peux t'effacer

Te gommer te rayer

La lune va s'endormir

Ton moment de répit,

A la lueur du jour

Tu frémis impatiente

Une résurrection

Tu frissonnes insolente,

Je te veux pour la vie

Tu restes mon sursis

La dernière éclaircie

Nous laissera dans le noir.

Portrait

Si j'étais un crayon

Je dessinerais ton cœur

Pour ne pas l'oublier,

Si j'étais une gomme

J'effacerais tes malheurs

Pour tous les oublier,

Si j'étais en couleur

J'étalerais ces pigments

Sur ce gris barbouillé,

Si j'étais de la gouache

Je peindrais ton image

Ce portrait tiraillé,

Si j'étais un pinceau

Chargé de colorants

Un destin bigarré,

Si j'étais un tableau

Je t'inventerais une vie

Sur mon vieux chevalet.

Rire

Dans ma tirelire

J'ai mis des rires

De la folie

A répartir,

Je les dépenserai

Je me pavanerai

Cette richesse

Pas pour de rire,

Je vais offrir

Toutes mes dents

Fendre mes lèvres

À tous les vents,

Toutes mes rides

Vont souffrir

Des étirements

Pour assouplir,

Je vais hurler

Dans mes délires

De moquerie

En dérision,

C'est contagieux

Pas douloureux

Un regard

Déjà trop tard,

Pas de soin

Un condamné

Je vais pouffer

À m'étouffer,

La vie est moche

Dans les soupirs

J'ai le remède

Dans ma tirelire.

Sevré

Ma vie me manque

Je suis en manque

On m'a sevré de liberté

Mes poils se hissent

La chaire de poule

Des discours plein ma télé

Des palabres des palabres

Un pas à droite un pas à gauche

Des sermons

Des monologues

Des tartines à avaler

Des décideurs des décisions

Des grilles fermées et enchaînées

Des penseurs des pansements

Ça commence à déborder

On étouffe on suffoque

Derrière ce masque bigarré

On nous pique on nous exhorte

Leur monnaie pour exister

Essentiel non essentiel

Des nuances mal digérées

Des aigreurs des rancœurs

De la souffrance partagée

On exige on punit

Des euros mal encaissés

On s'enferme on s'enfuit

Interdit de s'embrasser

Un virus démasqué

Des vaccins encore voilés

La science l'argent la ruse

Un amalgame à démêler

Des amours dissipés

Des violences conjugales

Une traînée qui s'étire

Un destin qui rétrécit

C'est bancale c'est pourri

Une année qui s'est enfui

J'ai perdu tout ce temps

Un vide dans mon horloge

Une jeunesse qui crie

Qui dégueule son ennui

L'horizon s'arrête derrière la fenêtre

Ma vie me manque

Je suis en manque

On m'a sevré de liberté

Ta vie

Ta vie c'est quoi

Le teint morose les cheveux gras

Ou comme les roses un bel éclat

Une fresque qui prend naissance

Au premier cri de délivrance,

La notice n'est pas fournie

Tu vas l'écrire jour et nuit

Un mélange de couleurs

Du noir du gris quelques pâleurs,

De la romance du bonheur

Aux vertiges de l'ennui,

Des feuilles de brouillon

Pour trouver l'être cher

Si tu trouves le bon

Grave le sur ta chair,

Sur le fond du miroir

Tu liras ton histoire

L'amour l'argent la gloire

Ou un simple peignoir,

Des bourgeois des paumés

Vont croiser ton histoire

L'amitié ne s'écrit pas

Dans les jours de gloire,

Le sablier se vide

Au rythme du destin

Des rides qui foisonnent

Peur du lendemain,

Tes enfants chéris

Te prendront la main

Tu verras dans leurs yeux

La chaleur qui rayonne

Toi

J'ai fait de toi mon corps

Mon amour mon décor

Mon image biblique

Mon unique trésor,

J'ai fait de toi mon sort

Ma lumière mon étoile

Ma source mon idéal

Nos tirades qui s'enflamment,

J'ai fait de toi mon âme

Mon bûcher mon bourreau

Mon secret mon égo

Mes misères et mes maux,

J'ai fait de toi mes nuits

Les aiguilles qui s'affolent

Une course un peu folle

La clarté nous délie,

Je te ferai la cour

J'épouserai tes joues

J'envahirai tes lèvres

J'irai jusqu'au délit.

« Dans le noir de tes billes

Des reflets d'insolence

Elles dévoilent tes délires

Licencieux et pressants »

« Tes lèvres sont des clameurs

Un appel au baiser

Une offrande gourmande

Sur ce rouge empressé »

« Un timbre aux mille couleurs

Des éclats dans ta voix

Ce son que tu renvoies

Une quiétude angélique »

www.facebook.com/poemesvictor